BEI GRIN MACHT SICH IHR WISSEN BEZAHLT

AF168046

- Wir veröffentlichen Ihre Hausarbeit, Bachelor- und Masterarbeit

- Ihr eigenes eBook und Buch - weltweit in allen wichtigen Shops

- Verdienen Sie an jedem Verkauf

Jetzt bei www.GRIN.com hochladen und kostenlos publizieren

Das Internet der Dinge am Beispiel von Haus- und Haushaltstechnik

Charlotte Gehm

Bibliografische Information der Deutschen Nationalbibliothek:

Die Deutsche Nationalbibliothek verzeichnet diese Publikation in der Deutschen Nationalbibliografie; detaillierte bibliografische Daten sind im Internet über http://dnb.d-nb.de abrufbar.

ISBN: 9783346335500
Dieses Buch ist auch als E-Book erhältlich.

© GRIN Publishing GmbH
Nymphenburger Straße 86
80636 München

Druck und Bindung: Books on Demand GmbH, Norderstedt Germany
Gedruckt auf säurefreiem Papier aus verantwortungsvollen Quellen

Das Buch bei GRIN: https://www.grin.com/document/978244

Das Internet der Dinge am Beispiel von Haus- und Haushaltstechnik

Information und Kommunikation

Von Charlotte Gehm

Inhaltsverzeichnis

1   Einleitung 1

2   Internet der Dinge - Begriffserklärung und Bedeutung 2

3   Erläuterung des Smart Home Konzepts 3

4   Marktentwicklung und Marktpotenzial des Smart Home 4

5   Anwendungsfelder des IoT im Bereich Smart Home 5

5.1   Haustechnik 5

5.2   Haushaltstechnik 7

6   Entwicklungsprognose des Internets der Dinge 9

7   Schlussfolgerungen und Fazit 10

Literaturverzeichnis 12

Anhang 15

1 Einleitung

Die Wirtschaft wird von technischen Innovationen dominiert. Im Zuge der Digitalisierung vollziehen sich nicht nur ökonomische, sondern auch viele soziale Wandlungsprozesse. In der Gesellschaft lässt sich eine Veränderung der Kommunikation verzeichnen. Durch das Internet schließen sich Millionen von Computern zu einem globalen und äußerst vielfältigem Netzwerk zusammen.

Auch wenn das Internet bereits sehr gut in das Privat- und Berufsleben der meisten Menschen integriert ist, lassen sich immer noch weitere bahnbrechende Entwicklungen verzeichnen. Täglich werden neue technische Produkte, Softwares und Apps vorgestellt. Im Oktober 2016 wurde prognostiziert, dass *„[d]er Umsatz mit Informationstechnologie, Telekommunikation und Unterhaltungselektronik [...] im laufenden Jahr auf 160,5 Milliarden Euro und damit erstmals über 160 Milliarden Euro steigen [wird]."* (Bitkom, 2016, §1).

Bisher beschränkte sich dich das technische Wirkungsfeld des Internets auf alle digitalen Informationen, die beispielsweise von einem Smartphone Display oder einem Computer Bildschirm abgelesen werden konnten. Aufgrund einer der größten Trends in der IT Branche soll sich dies jedoch schon bald ändern. Das Internet der Dinge (engl. „Internet of Things", kurz IoT) wird zukünftig eine Verbindung zwischen physischen Gegenständen, die zum Leben und Arbeiten verwendet werden, und der digitalen Welt des Internets herstellen. Milliarden von Dinge sollen vernetzt werden. Dazu zählen zum Beispiel Sensoren aller Art, Maschinen, Haustechnik, Fahrzeuge, Warenverpackungen und viele weitere Dinge (Bullinger H., Hompel T., 2007).

Im Rahmen dieser Hausarbeit wird die Vision des Internets der Dinge am Beispiel des Smart Home Konzepts vorgestellt. Besonders die Anwendungsfelder der Haus- und Haushaltstechnik werden hierbei weiter vertieft. Aufbauend auf diesen Informationen folgt eine Entwicklungsprognose des IoT. Alle Erkenntnisse werden abschließend im Fazit zusammengefasst.

2 Internet der Dinge - Begriffserklärung und Bedeutung

Das Internet ist ein großes Netzwerk, das aus vielen Teilnetzwerken besteht und darauf abzielt Kommunikation zu ermöglichen und Daten auszutauschen. Durch das Internet der Dinge wird dieses System durch einen neuen Aspekt erweitert (Schnürer, 2014).

„Das IoT beschreibt ein dynamisches Netzwerk physischer und visueller Objekte, die einge-bettete Technologien zur Kommunikation, intelligenten Wahrnehmung und Interaktion mit deren Umwelt beinhalten [...]. Der Grundgedanke besteht in der Allgegenwärtigkeit einer Vielzahl an Dingen, [...][welche] dazu in der Lage [sind], miteinander autonom zu kommu-nizieren und zusammen an der Erreichung eines gemeinsamen Ziels zu arbeiten.“

(Anzengruber, Jünger, Rusnjak, Schallmo, Werani, 2017, Seite 312)

Neben den Begriffen Internet of Things (IoT) und Internet der Dinge (IdD) sind noch einige andere Bezeichnungen, wie beispielsweise „Ubiquitous Computing" (UC) und „Pervasive Computing" (PC) bekannt, welche im Wesentlichen synonym zum IoT gebraucht werden (Brand, Grimm, Hülser, Zweck, 2015).

Im Jahre 2015 wurde von Experten des IEEE (Institute of Electrical and Electronics Engi-neers) geschätzt, dass das Internet der Dinge in wenigen Jahren über 50 Milliarden Dinge miteinander verbinden wird. Bis 2020 sollen bereits 100 Milliarden Gegenstände vernetzt sein. Darüber hinaus sind auch Menschen miteinander verbunden, welche beispielsweise Smartphones nutzen. Gegenstände, die vernetzt werden sollen, sind zum Beispiel Fahrzeuge, Maschinen, Haustechnik, Sensoren, Warenverpackungen und vieles Anderes (Andelfinger, Hänisch, 2015).

Erstmals wurde der Begriff „Internet of Things" 2002 am Massachusetts Institute of Tech-nology (MIT) verwendet (Bullinger, 2012). Die Zukunft des Computers wurde zu dieser Zeit meist sehr euphorisch beschrieben. Die Wissenschaftler F. Sprenger und C. Engemann beschreiben die damalige Vorstellung des IoT mit den Worten *„unsichtbar, smart, miniatur-isiert, räumlich verteilt und allgegenwärtig."* (Engemann, Sprenger, 2015, Seite 7).

Diese damaligen Aussichten haben sich teilweise als unrealistisch herausgestellt. Die größten Schwachstellen des IdD sind in den Bereichen Datenschutz, Privatsphäre und informationstechnische Sicherheit. Eine typische Gefahr in diesem Gebiet sind veraltete Systeme, welche von einer Vielzahl der aktuellen Verschlüsselungsalgorithmen nicht unterstützt werden. Außerdem wird häufig aufgrund einer begrenzten Rechenleistung der vernetzten Geräte auf wichtigen Malwareschutz verzichtet. Eine weitere Gefahr besteht darin, dass nur sehr wenige Hersteller neue Sicherheitstechnologien in den Geräten einbauen. Hier reichen klassische Anti-Viren-Programme und Firewalls oft nicht mehr aus, um die Technologie vor Hackern zu schützen (Brandner, 2016).

3 Erläuterung des Smart Home Konzepts

Eines der relevantesten Anwendungsgebiete des IoT stellt der Gebäudebereich dar. Smart-House Konzepte zeichnen sich, im Unterschied zu konventionellen Gebäuden, durch eine informationstechnische Vernetzung einzelner gebäudespezifischer Bereiche aus. Die Gebäude werden mit intelligenten Technologien ausgestattet und ermöglichen den Betrieb über Fernzugriffe oder auch ohne unmittelbare Nutzereingriffe (Bullinger, 2012).

Hierbei wird im privaten Wohnumfeld auch von Smart Homes und im Nutzgebäudebereich von Smart Buildings gesprochen. Neben dem Begriff Smart Home, gibt es eine Vielzahl von Begriffen, die synonym verwendet werden können. Dazu zählt zum Beispiel „Intelligentes Wohnen", „Elektronisches Haus" und „Smart Living" (Ahmad, 2016).

Entwicklungen im Bereich Smart Home sind durch die fortschreitende Digitalisierung begünstigt worden. Die Verbreitung technischer Geräte im Wohnungsumfeld und deren Ausstattung mit eingebetteter technischer Intelligenz, nimmt immer mehr zu. Zudem werden immer weitere Funktionen entwickelt, die eine Vernetzung der Geräte untereinander verbessern und die technische Kommunikation vereinfachen (Strobel, 2015).

Zu den Hauptzielen des Smart Homes zählt eine Maximierung der Wohn- und Lebensqualität, erhöhte Sicherheit, sowie eine effiziente Energienutzung. Dadurch, dass es zahlreiche Möglichkeiten des Fernzugriffs im Smart Home gibt, soll ein höherer Komfort ermöglicht werden. Dazu zählt beispielsweise eine automatische Raumtemperaturregelung oder eine

Jalousiesteuerung, welche sich nach dem aktuellen Lichteinfall richtet. Energie soll dadurch effizienter genutzt werden, dass zum Beispiel die Be- und Entlüftung der Räume kontrolliert wird und sich die Lichtsteuerung an das Tageslicht anpasst. Außerdem soll es einige Funktionen im Smart Home geben, welche zu einer erhöhten Sicherheit beitragen. Beispiele hierfür sind Bewegungsmelder, Einbruch- und Rauchmeldesysteme, sowie Windwächter (Andelfinger, Hänisch, 2015).

Die Vernetzung eines Gebäudes kann jedoch auch einige Risiken mit sich bringen. Eine Befragung von 5000 Haushalten in den größten europäischen Ländern hat gezeigt, dass viele Menschen diesbezüglich sehr besorgt sind. 59 Prozent der Menschen in Europa und 61 Prozent der Deutschen befürchten, dass unbefugte Menschen die Steuerung über die intelligenten Technologien übernehmen könnten (Frankfurter Allgemeine, 2016).

Auch wenn sich viele Nutzer eine höhere Sicherheit ihres Hauses durch Smart Home Konzepte versprechen, wird genau dieser Bereich von vielen Sicherheitsexperten kritisiert. Oftmals sind die Systeme so mangelhaft konfiguriert, dass die Überwachung über das Internet ungeschützt einsehbar ist. Auf der Defcon 2016 wurde berichtet, dass 12 von 16 der untersuchten Blutooth-Schlösser von IoT-Produkten geknackt werden konnten (Morawietz, 2017). Des Weiteren wurde festgestellt, dass *„alle Komponenten, die Zugang zum heimischen Netz und dadurch vielleicht Zugriff auf das Internet haben, [...] potenziell angreifbar [seien]."* (Morawietz, 2017, Smart Home, Industrie und öffentliche Infrastruktur gefährdet, §4).

Wichtige Anwendungsfelder im Smart Home Bereich sind zum Beispiel Haustechnik, Facility Management, Sicherheitstechnik, Servicerobotik, Unterhaltungselektronik und Haushaltstechnik (Bullinger, 2012).

4 Marktentwicklung und Marktpotenzial des Smart Home

Obwohl das Smart Home Konzept schon seit längerem bekannt ist, ließ sich erst ungefähr seit 2005 ein starkes Marktwachstum verzeichnen. Zahlreiche Studien prognostizieren den Anstieg des Smart Home Marktes. Das Marktforschungsunternehmen Research&Markets erwartet beispielsweise, dass der SH-Marktwert in Europa bis 2020 auf 13,81 Milliarden

Dollar ansteigen wird. Außerdem wird eine zweistellige jährliche Wachstumsrate vermutet (Ußler, 2007).

Eine representative Befragung von der Splendid Research GmbH gibt einen Überblick über den deutschen Smart Home Markt im Jahr 2016. Es wurden 1.017 in Deutschland lebende Personen zwischen 18 und 69 Jahren bezüglich des Status Quo, des Marktpotenzials, sowie der Konsumenteneinstellung im Smart Home Markt befragt. Auf Abbildung 1 wird deutlich, dass in diesem Jahre 29,4% der Deutschen bereits Smart Home-Anwendungen nutzten. Die restlichen 70,6% teilte sich in Interessenten und Ablehner auf. Dabei gaben 50,2% der Probanden an, dass sie an den Anwendungen interessiert seien und 20,4% lehnten diese ab. Das Marktpotenzial wurde auf 30,2 Milliarden Euro geschätzt (Splendid Research, 2016).

Der Verband der Elektrotechnik Elektronik Informationstechnik e.V. sieht das Marktpotenzial in Deutschland bei 19 Milliarden Euro jährlich bis 2025 (Strobel, 2015).

Obwohl es im Bereich Smart Home weltweit große Entwicklungspotenziale gibt, muss insbesondere bei deutschen Kunden zunächst eine Akzeptanzschwelle überwunden werden, damit sich dieser Markt langfristig etablieren kann.

5 Anwendungsfelder des IoT im Bereich Smart Home

5.1 Haustechnik

Die Haustechnik umfasst alle technischen Einrichtungen und Systeme, die fest mit einem Gebäude verbunden sind. Dies lässt sich in die Gebiete Trinkwasserversorgung, Gebäudeentwässerung, Müllbeseitigung und Energieversorgung einteilen. Insbesondere die Energieversorgung ist für viele einzelne Prozesse in einem Gebäude entscheidend. Dazu zählt zum Beispiel das Heizen, Lüften und Kühlen von Räumen, der Betrieb von Licht- und Fernmeldeanlagen, sowie die Warmwasserbereitung (Detsch, o.D.). *„Die Digitalisierung in der Haustechnik bedeutet eine umfassende, intelligente Vernetzung von allen Bestandteilen, die die Gesamtheit der Technik in einem Haus ausmacht."* (Strobel, 2015, Kooperation statt Konkurrenz §4).

Zu den Hauptzielen der Automatisierung von haustechnischen Anlagen und Prozessen, zählt die Steigerung der Wohnqualität und des Alltagskomforts, sowie das Erkennen von Einsparpotenzialen hinsichtlich der Energieversorgung. Im Bereich des Smart Homes stellt die Haustechnik eines der größten Anwendungsfelder dar (Bullinger, 2012).

Netze von Sensoren werden eingesetzt, um Informationen aufzuzeichnen und weiterzuleiten. Dadurch können physikalische Eigenschaften, wie zum Beispiel Helligkeit, Bewegung, Temperatur und Luftfeuchtigkeit, in elektrische Spannung transformiert werden. Dadurch, dass Sensoren auf eine umfassende Menge an Daten zugreifen können, sind sie außerdem eine große Unterstützung bei der Optimierung des Energieverbrauchs (Andelfinger, 2013).

Neuere Sensoren verfügen über die Funktion, Flüssigkeiten und Gase zu untersuchen. Außerdem gibt es verschiedene Varianten von Funksensoren, welche ihre Messwerte über kleine und große Distanzen weitermelden können. Diese finden ihre Anwendung zum Beispiel als Alarmanlage (Fleisch, Müttern, 2005).

Je nach individuellen Erfordernissen können die haustechnischen Anlagen und Vorgänge bedarfsgerecht und flexibel reguliert werden, ohne dass der Nutzer selbst vorher etwas einstellen muss. Auf diese Weise können beispielsweise Klimatisierung, Beleuchtung, Heizung und Jalousien in Abhängigkeit von Tages- und Jahreszeiten, Nutzerpräsenz, Temperaturverhältnissen und Luftqualität geregelt werden. Häufig werden außerdem Möglichkeiten für Fernzugriffe angeboten, wobei der Nutzer die Möglichkeit hat, auf seine Systeme über ein Smartphone oder ein Tablet zuzugreifen und diese zu steuern. Zudem besteht die Option einer Steuerung mittels einer Kurzdistanz-Fernbedienung (Bullinger, 2012).

Es gibt zahlreiche Hersteller, welche ihre eigenen Smart Home Konzepte vorstellen. Hierbei existieren noch keine einheitlichen Standards oder Universallösungen. Eine Sache, die jedoch immer beachtet werden muss, ist die Kompatibilität der Einzelkomponenten. Alle Bestandteile im Netzwerk eines Smart Homes müssen miteinander kommunizieren können (Strobel, 2015).

Insbesondere die Sprachsteuerung von haustechnischen Systemen erlangt zunehmende Beliebtheit. Zu den weltweit bekanntesten Sprachassistenten zählen Microsofts Cortana, der Google Assistant und Siri von Apple. Seit Oktober 2016 gibt es die Sprachassistentin Alexa von Amazon in Deutschland zu kaufen. Es besteht die Möglichkeit die Assistenten mit dem Heimnetzwerk zu verbinden und dadurch bestimmte Prozesse (wie Heizungsthermostate, Alarmsysteme und Rollläden) per Sprache zu steuern. Die Systeme sind jedoch noch nicht vollständig ausgereift und konnten sich daher bisher nicht vollständig auf dem SH-Markt etablieren (Nagel, 2017). *„Hat man keine vernetzten Geräte, bleibt auch der Funktionsumfang eines Heimassistenten gering. ‚Die Box als solches ersetzt kein Smart Home‘, sagt Timm Lutter. Sie ist nur eine Steuerungsmöglichkeit.“* (Nagel, 2017, Nur eine Steuerungsmöglichkeit, §3).

Der Smart Home Experte Christopher Strobel weist auf Entwicklungspotenziale und Handlungsbedarf in der Haustechnik-Branche hin. Dazu gehöre einerseits die Entwicklung von einheitlichen Standards. Die Bedienung der haustechnischen Anlagen via Smartphone sei andererseits noch nicht vollständig entwickelt, da die Nutzer bislang noch keinen vollen Zugriff von unterwegs haben. Strobel merkt außerdem an, dass es sehr wichtig sei, dass Techniker, Installateure und Lieferanten bei der Beratung und Installation der Geräte über entsprechendes Wissen verfügen (Strobel, 2015).

Seiner Meinung nach ist der Einsatz von intelligenten Technologien im Wohnumfeld *„der nächste konsequente, evolutionäre Schritt in einem größeren Ganzen [...].“* (Strobel, 2015, Fortschritt und das bessere Leben §6).

5.2   Haushaltstechnik

Die Vernetzung von Haushaltsgeräten kann den Nutzungskomfort von Haus- und Wohnungsbewohnern steigern, zu Zeitersparnissen im Alltag führen und den Energieverbrauch senken. Durch die rasante Digitalisierung wurde insbesondere die Branche für Weiße Ware stark geprägt (Bullinger, 2012).

Weiße Ware ist der Sammelbegriff für Haushaltsgroßgeräte zum Kühlen, Waschen, Trocknen, Gefrieren, Backen und Kochen. Knapp ein Drittel des Haushaltsstromverbrauchs in Deutschland wird durch diese Geräte verursacht. Viele Hersteller arbeiten daher seit einigen Jahren an einer Optimierung der Energieeffizienz von Haushaltsgeräten. Bereits 1998 wurden in Deutschland Energieverbrauchskennzeichnungen eingeführt, welche den

Stromverbrauch von Weißer Ware bis 2008 um 35 bis 70 Prozent sinken ließen (Pehnt, 2010).

Fast allen großen Haushaltsgeräten wird entsprechend ihrer Energieeffizienz ein bestimmtes Label zugeordnet. Hierbei steht A für einen geringen und G für einen hohen Stromverbrauch (Röhlig, 2017).

Insbesondere die Technik von Kühlschränken konnte seit 2010 große Fortschritte verzeichnen. Aufgrund von eingebauten Kompressoren und einer effektiven Dämmung, verbraucht ein Kühlschank mit dem Logo A+++ über 30 Prozent weniger Energie, als ein älteres Gerät. Haushaltsgeräte werden allerdings erst als „intelligent" bezeichnet, wenn sie mit einem Netzwerk verbunden sind. Erst dadurch können externe Daten empfangen und weitergeleitet werden (Wölfel, 2013).

Hierbei besteht häufig das Problem einer mangelnden Kompatibilität. Oftmals weisen Produkte verschiedener Hersteller keine ausreichenden Schnittstellen auf. Der Verein Connected Living, welcher von dem DAI-Labor der TU Berlin geführt wird, versucht seit 2009 branchenübergreifende Kooperationen für Smart Home Lösungen zu etablieren (Bullinger, 2012).

Die großen Hersteller in dem Bereich Haushaltsgroßgeräte sind international fast in allen wesentlichen Märkten präsent. Der Wettbewerb verschärft sich stark, da er durch eine zunehmende Internationalisierung und Digitalisierung geprägt ist (Bramsemann, Heineke, Hirsch, Weber, 2017).

Jedoch beschränkt sich der Einsatz von intelligenten Technologien nicht ausschließlich auf Großgeräte. So gibt es beispielsweise Babyflaschenhalter, welche die angemessene Fütterung von Säuglingen überwachen sollen und kabellose Bodenstaubsauger, die automatisch Positionen erkennen und über einen Nachlaufantrieb verfügen (Industrie 4.0, 2016).

Insbesondere die intelligente Mimik-, Sprach- und Gestikerkennung der Haushaltsgeräte wird immer weiter ausgebaut. Auf diese Weise hat der Nutzer die Möglichkeit auf Zuruf beispielsweise das Licht an- und auszuschalten oder den Ofen vorzuheizen (Bullinger, 2012).

6 Entwicklungsprognose des Internets der Dinge

In den 1980er Jahren war das Internet in erster Linie ein Medium, über das Menschen miteinander kommunizieren konnten. Seit den 1990-er Jahren wurde die Nutzungsform des Internets durch die Entwicklung des World Wide Webs erweitert. Die Kommunikation erfolgt seither zwischen Menschen und Maschinen (via Servern). Durch das Internet der Dinge besteht erstmals die Möglichkeit einer autonomen Kommunikation von Maschine zu Maschine beziehungsweise von Ding zu Ding (Fleisch, Mattern, 2005).

Immer mehr Alltagsgegenstände werden mit eingebetteten Sensoren ausgestattet und sind dadurch im Stande, Daten mit anderen Gegenständen auszutauschen.

Viele Studien zeigen, dass das IdD über ein enormes Marktpotenzial verfügt und in vielen Bereichen einen entscheidenden Mehrwert bringen wird. Es gibt jedoch bisher noch einige Risiken, die nicht vernachlässigt werden dürfen. Insbesondere in den Bereichen IT-Sicherheit, Datenschutz und Privatsphäre müssen Fortschritte gemacht werden, damit die Akzeptanzschwelle auf dem deutschen Markt überschritten werden kann (Brandner, 2016).

Bei einer Studie des McKinsey Global Institute (MGI) mit dem Titel „Internet of Things: Mapping the value beyond the hype" wurden über 100 Anwendungsfelder aus neun Bereichen untersucht. Dadurch wurde deutlich, dass das IoT zukünftig innovative Geschäftsmodelle ermöglichen wird, welche sich insbesondere aus einer engeren Zusammenarbeit zwischen Technologiefirmen und herkömmlichen Organisationen ergeben. Die angemessene Berücksichtigung von Sicherheitsfragen vorausgesetzt, werden sich im Bereich Smart Home große Chancen ergeben (McKinsey, 2015).

„Intelligente Thermostate und selbststeuernde Staubsaugerroboter machen schon heute das Leben komfortabler und sparen Zeit. Zusammen mit verbesserter Sicherheit, z.B. gegen Einbrüche, beläuft sich das wirtschaftliche Potenzial in diesem Bereich auf bis zu 300 Milliarden Dollar." (McKinsey, 2015, Erfolg des Internet der Dinge hängt von Technologieentwicklung und Regulierung ab, §2).

Das Internet der Dinge beschreibt keine eigenständige Technologie, sondern fasst mehrere technologische Trends zusammen. Die Entwicklung des IoT vollzieht sich daher in

Abhängigkeit vieler verschiedener Faktoren. Dies beinhaltet nicht nur den Fortschritt einzelner Informationstechnologien, sondern auch deren Kompatibilität und Konvergenz.

„Konvergenz bestimmt, inwieweit diese Technologien in ihrer Entwicklung zusammenwachsen, kombiniert werden und interagieren können, um eigenständig bzw. autonomes Handeln von Systemen und Gegenständen zu erreichen. " (Bullinger, 2012, Seite 200).

Die Entwicklung des IoT schreitet sehr rasant voran. Es wird täglich über neue technische Möglichkeiten berichtet, welche oft direkt von Unternehmen in Geschäftsmodelle umgesetzt werden. Viele Strukturen und Prozesse in Unternehmen werden durch die Digitalisierung in Frage gestellt. Niemand kann jedoch vorhersehen, wohin sich dieser Trend in den nächsten Jahren entwickeln wird (Samulat, 2017).

7 Schlussfolgerungen und Fazit

Durch das Internet der Dinge wird eine Verbindung zwischen physischen Gegenständen und digitalen Informationsflüssen hergestellt. Bis 2020 sollen bereits um die 100 Milliarden Gegenstände vernetzt sein. Die wichtigste Funktion, die sich durch dieses Netzwerk aus visuellen und physischen Elementen bietet, ist deren autonome Kommunikation miteinander.

Das Smart Home stellt eines der wichtigsten Anwendungsgebiete des IoT dar. Geprägt wurde dieser Bereich insbesondere durch die zunehmende Verbreitung technischer Geräte im Wohnumfeld und deren Ausstattung mit eingebetteter technischer Intelligenz. Die Hauptziele des Smart Homes sind eine Erhöhung des Lebenskomforts, effiziente Energienutzung und eine Optimierung der Sicherheit. Das Marktpotenzial in Deutschland wurde 2016 auf 32 Milliarden Euro geschätzt.

Im Bereich Smart Home sind die Anwendungsgebiete Haustechnik und Haushaltstechnik von besonderer Relevanz. Mithilfe von Sensoren können physische Eigenschaften im Haus erfasst, weitergeleitet und in manchen Fällen sogar analysiert werden. Zudem besteht oftmals die Option anhand einer Sprach-, Mimik- oder Gestikerkennug gewisse Prozesse zu steuern oder aus der Ferne auf bestimmte Funktionen zuzugreifen. Der größte Mehrwert, den

10

die beiden Anwendungsgebiete erbringen sollen, ist das Erkennen von Einsparpotenzialen hinsichtlich der Energieversorgung.

Experten kritisieren häufig die mangelnde Kompatibilität einzelner Geräte, sowie nicht vorhandene einheitliche Standards der Hersteller von IoT Produkten. Bevor diese Problemfelder nicht überarbeitet werden, können sich Smart Home Konzepte nicht langfristig im Massenmarkt etablieren.

Die Entwicklung des IdD geschieht in Abhängigkeit vieler verschiedener Faktoren. Es sind einige Risiken und Gefahren bekannt, welche insbesondere Menschen in Deutschland bisher von einem Kauf abhalten. Diese Herausforderung sollte von Unternehmen als Chance gesehen werden, um die intelligente Vernetzung von Produkten zu optimieren.

Literaturverzeichnis

Ahmad, O. (2016). *Treibende Faktoren für die Entwicklung des Smart Home.* Grin Verlag Abgerufen von http://www.grin.com/de/e-book/340048/treibende-faktoren-fuer-die-entwicklung-des-smart-home am 05.07.2017

Andelfinger, V. P. (2013). *Internet der Dinge: Doppelte Chance für Versicherer.* Karlsruhe: Verlag Versicherungswirtschaft GmbH

Andelfinger, V. P., Hänisch, T. (Hrsg.) (2015). *Internet der Dinge - Technik, Trends und Geschäftsmodelle,* Wiesbaden: Springer Fachmedien

Anzengruber, J., Jünger, M., Rusnjak, A., Schallmo, D., Werani T. (Hrsg.) (2017) *Digitale Transformation von Geschäftsmodellen,* Wiesbaden: Springer Fachmedien

Bitkom (2016). *Deutscher ITK-Markt wächst auf über 160 Milliarden Euro.* Abgerufen von https://www.bitkom.org/Presse/Presseinformation/Deutscher-ITK-Markt-waechst-auf-ueber-160-Milliarden-Euro.html am 03.07.2017

Bramsemann, U., Heineke, C., Hirsch, B., Weber, J. (2017) *Wertorientierte Unternehmenssteuerung.* Wiesbaden: Springer Gabler

Brand, L., Grimm, V., Hülser, T., Zweck, A. (2015) *Internet der Dinge - Unterrichtsstudie.* Düsseldorf: VDI e.V.

Bullinger, H. J. (Hrsg.) (2012). *Qualifikationsentwicklungen durch das Internet der Dinge - Trends in Logistik, Industrie und `Smart House`.* Bielefeld: W. Bertelsmann Verlag GmbH & Co KG

Bullinger, H. J., Hompel, T. (2007). *Internet der Dinge, www.internet-der-dinge.de.* Berlin, Heidelberg: Springer Verlag

Detsch, R., (o.D.) *cpw - Context Politik: Wissenschaft: Kultur, Medien- und Publikationsdienste - Haustechnik.* Abgerufen von http://www.cpw-online.de/lemmata/haustechnik.htm am 10.07.2017

Engemann, C. Sprenger, S. (Hrsg.) (2015). *Internet der Dinge - Über smarte Objekte, intelligente Umgebungen und die technische Durchdringung der Welt.* Bielefeld: transcript Verlag

Fleisch, E., Mattern, F. (2005). *Das Internet der Dinge - Ubiquitous Computing und RFID in der Praxis.* Berlin, Heidelberg: Springer

Frankfurter Allgemeine (2016). *Das vernetzte Zuhause beschwört neue Risiken herauf.* Abgerufen von http://www.faz.net/aktuell/finanzen/meine-finanzen/geld-ausgeben/smart-home-das-vernetzte-zuhause-beschwoert-neue-risiken-herauf-14561883.html am 05.07.2017

Industrie 4.0 Suchmaschine (2016). *Smart TVs und intelligente Haushaltsgeräte im Smart Home: Die Highlights der CES 2016.* Abgerufen von http://www.intelligenteswohnen.de/magazin/smart-tvs-und-intelligente-haushaltsgeraete-im-smart-home-highlights-ces-2016 am 06.07.2017

McKinsey&Company (2015). *Internet der Dinge kann 2025 weltweit bis zu 11 Billionen Dollar Mehrwert schaffen.* Abgerufen von https://www.mckinsey.de/internet-der-dinge-kann-2025-weltweit-bis-zu-11-billionen-dollar-mehrwert-schaffen am 07.07.2017

Morawietz, P.-S. (2017). *So gefährlich wird das Internet der Dinge.* Abgerufen von https://www.pcwelt.de/ratgeber/So_gefaehrlich_wird_das_Internet_der_Dinge-Kuehlschrank_und_Heizung_als_Bedrohung-8695866.html am 06.07.2017

Nagel, T. S. (2017). *Sprachassistenten allein ersetzen kein Smart Home.* Abberufen von https://www.welt.de/wirtschaft/webwelt/article165639329/Sprachassistenten-allein-ersetzen-kein-Smart-Home.html am 08.07.2017

Pehnt, M. (2010). *Energieeffizienz: Ein Lehr- und Handbuch.* Heidelberg: Springer

Röhlig, M. (2017). *Raus mit dem alten Kühlschrank?* Abgerufen von http://www.tagesspiegel.de/themen/strom/stromverbrauch-raus-mit-dem-alten-kuehlschrank/8482366.html am 08.07.2017

Samulat, P., *Die Digitalisierung der Welt: Wie das Industrielle Internet der Dinge aus Produkten Services macht.* Wiesbaden: Springer Fachmedien

Schnürer, A. (2014). *Internet der Dinge - Konsequenzen und Potenziale für E-Business-Planning und Controlling.* Abgerufen von http://www.grin.com/de/e-book/273198/internet-der-dinge am 07.07.2017

Splendid Research (2016). *Studie: Smart Home Monitor 2016.* Abgerufen von https://www.splendid-research.com/smarthome am 06.07.2017

Strobel, C. (2015) *Smart Home: Wie die Digitalisierung die Haustechnik-Branche verändert.* Abgerufen von https://christopherstrobel.de/2015/01/26/smart-home-wie-die-digitalisierung-die-haustechnik-branche-veraendert/ am 07.07.2017

Ußler, F. (2014). *Smart Home. Wirtschaftliche Potenziale und Herausforderungen.* Ilmenau: e-follows.net

Wölfel, M. (2013). *Smarte Haushaltsgeräte: Wenn die Waschmaschine kommuniziert.* Abgerufen von http://www.pc-magazin.de/vergleich/intelligente-hausgeraete-1483259.html am 09.07.2017

Anhang

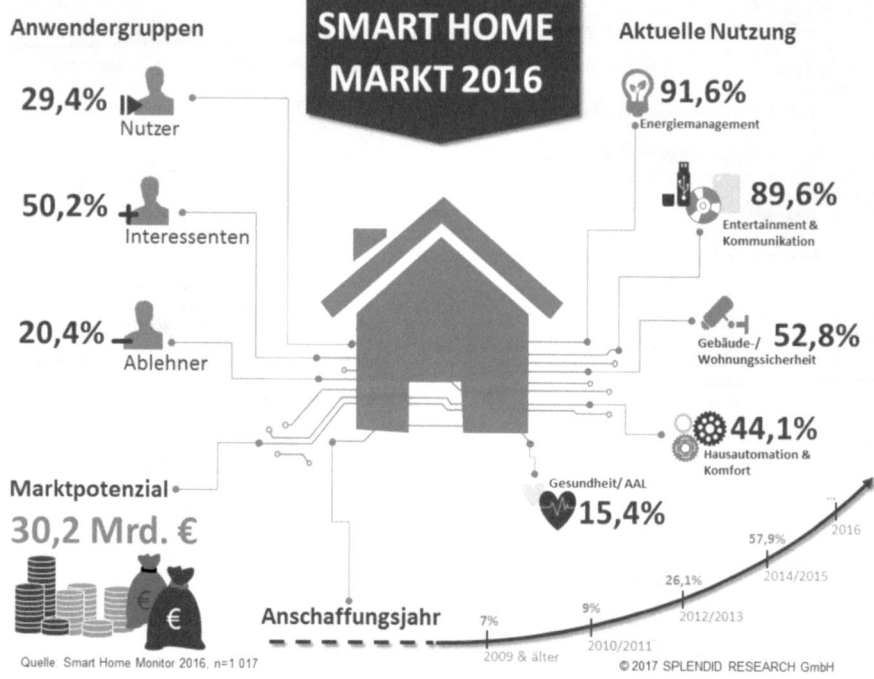

Abbildung 1: Der Smart Home Markt in Deutschland im Jahr 2016

Splendid Research (2016). *Studie: Smart Home Monitor 2016.* Abgerufen von https://www.splendid-research.-com/smarthome am 06.07.2017